CW01666193

Bu kitabın sahibi:

....

Ole için

Aramıza Hoş Geldin Penguen

Orjinal adı: Pitje gehört zu uns

Bu kitabın Türkçe yayın hakları Akan Ajans aracılığıyla alınmıştır.

Sertifika No: 40077

Yazan ve Resimleyen: Andrea Reitmeyer
Çeviren: Duygu Bolut
Editör: Aylin Gergin

ISBN: 978-625-429-302-3 Genel yayın numarası: 5716

1. Basım: Aralık 2022
2. Basım: Mart 2024

Baskı
MATSİS MATBAA A.Ş.
Tevfik Bey Mah. Dr. Ali Demir Cad. No: 51
Kobi İş Merkezi Sefaköy/Küçükçekmece/İstanbul
Tel. (0212) 624 21 11 Sertifika No: 75309

TÜRKİYE İŞ BANKASI KÜLTÜR YAYINLARI
İstiklal Caddesi, Meşelik Sokak, No: 2/4 Beyoğlu 34433 İstanbul
Tel: (0212) 252 39 91 – Faks: (0212) 252 39 95
e-posta: info@iskultur.com.tr
www.iskultur.com.tr

Andrea Reitmeyer

Aramıza Hoş Geldin Penguen

TÜRKİYE İŞ BANKASI
Kültür Yayınları

BİLGİ SAYFALARI

Karşınızda Pıtır ve Tıkır!

Penguenlerin gözleri, farklı ortam ve hava koşullarına çok hızlı uyum sağlar. Örneğin suyun altında bile görüşleri çok keskindir!

Penguenlerin bedenlerinde 2-3 santimetre kalınlığında yağ tabakası bulunur. Bu yağ tabakası onları soğuktan korur.

Penguenler Güney Yarımküre'de yaşarlar. Güney Kutbu'ndaki Antartika ise imparator penguenlerin yaşam alanıdır.

Pıtır ve Tıkır hem suda hem de soğukta yaşamaya alışkın penguenler. Gagalarıyla tüylerine yaydıkları özel salgıları sayesinde tüyleri su geçirmezdir.

Penguenler suda daha derine dalabilmek için kalp atışlarını yavaşlatırlar. Böylece daha az oksijene ihtiyaçları olur. Su altında 20 dakikaya kadar kalabilir, 535 metre derinliğe dalabilirler.

Penguenlerin gagaları çok serttir. Gagalarını tüylerini temizlemek ve balıkları parçalamak için kullanırlar. Balıkla beslenmeyi severler. Karada birbirleriyle iletişim kurarken pek gürültücü olurlar.

Kulak bölgesindeki tüylerin sık olması kulaklarına su girmesini engeller.

Penguenlerin aslında kuş olduklarını biliyor muydun? Kanatlarıyla uçamazlar ancak kanatları sayesinde derinlere dalıp çok hızlı yüzebilirler!

Bacakları geride durduğu için sıra dışı bir yürüyüş biçimleri vardır. Ancak bu özellik yüzerken bedenlerine yön vermeyi sağlar.

Sivri kuyruk tüyleri, karada ayakta durmalarını desteklerken suda dümen görevi görür.

Pıtır ve Tıkır perde ayaklara sahiptir. Karda genelde topuklarının üstünde durdukları için çok çabuk üşümezler.

Güney Kutbu'nda bulunan Antarktika, kar ve buzla kaplıdır. Dünya'nın bu bölgesi çok özel canlılara ev sahipliği yapmaktadır: İmparator penguenlerine! Buzulların üzerinde büyük aileler halinde yaşayan penguen ailelerine koloni denir. Genç penguen Tıkır da burada, büyük ailesinin güvenli ortamında, anne ve babasıyla yaşıyor.

İmparator penguenleri günlerden bir gün, bir kayanın üzerinde duran bir yumurta gördüler. Etrafta yumurtanın annesi ya da babası yoktu. Penguenler yumurtayı dikkatle inceledi.
Tıkır, “Bakın! İçinde bir canlı olabilir! Yumurtayı burada bırakamayız. Lütfen onu da yanımıza alalım!” dedi babasına. Birlikte yumurtayı dikkatle alıp yanlarında götürdüler.

Penguenler bu gizemli yumurtaya
sevgi dolu yaklaştı. Onu nöbetleşe
gece gündüz sıcak tuttular.

En sonunda vakit geldi: Yumurtada bir hareketlenme oldu… Yumurtanın kabuğu *çıtır çıtır ses* çıkararak çatlayıverdi! Küçük bir gaga göründü.

Yavru penguen merakla başını uzatıp heyecanla yeni ailesine baktı.
Tıkır, "Bizden çok farklı görünüyor!" dedi şaşkınlıkla. Yavru penguenin siyah bir kafası, beyaz karnı ve pembe ayakları vardı.
"Haklısın Tıkır," dedi annesi gülümseyerek. "İmparator pengueni değil, makaroni pengueni olduğu için bizden biraz farklı olabilir! Ama yine de bizden biri. Bu küçüğe ne isim verelim?"
Tıkır, "Ona Pıtır diyelim, ne dersiniz?" diye sordu.

Pıtır yeni ailesiyle çok mutluydu.

Yavru penguenler hızla büyüyor ve gri tüyleri dökülüyordu.
Hepsi de gitgide erişkin penguenlere benziyordu.

Pıtır da gelişiyordu, diğer yavrulardan farklı olarak kafasında sarı tüyler çıkıyor, gün geçtikçe çoğalıyordu.

Bazı penguenler, Pıtır'ın kafasında neden sarı tüyler olduğunu merak ediyordu. Gerçekten de Pıtır onlardan farklı görünüyordu.

Pıtır yüzmeye ve dalmaya bayılıyordu! Diğer deniz canlılarından daha derine dalabiliyor, imparator penguenlerden daha fazla su altında kalabiliyordu.

Tek bacağı üzerinde kayıyor, yüksek buz dağlarının tepesinden suya atlıyordu. Buna cesaret edemeyen imparator penguenleri, Pıtır'ın cesaretine hayrandı. İçlerinden bazıları da Pıtır'a öfkeleniyordu, onlar da Pıtır kadar cesur olmak istiyordu.

İmparator penguenler zaman zaman Pıtır'ı alay konusu yapıp ona gülüyorlardı.

Tıkır, diğer penguenlerin neden böyle davrandığını bir türlü anlayamıyordu. O, Pıtır'ı bu haliyle çok seviyordu. Pıtır, hem eğlenceliydi hem de maceracı.

Pıtır, günler geçtikçe diğer penguenlerin davranışlarından etkilenip üzülmeye başladı. Bir yandan da kendi gibi görünen penguenler olup olmadığını merak ediyordu: “Acaba başında benim gibi tüyleri olan başka penguenler de var mıdır?”

Bir gece herkes uyuduktan sonra kendine benzeyen penguenleri bulmak için sessizce yola çıktı.

Yola çıktıktan sonra kar yağmaya başladı ve rüzgâr gittikçe şiddetlendi.

Tıkır, uyurken dondurucu rüzgârla aniden uyandı. Pıtır'ın yerinde olmadığını görünce onu aramaya çıktı. Kar fırtınasına direnmeye çalışırken bir yandan arkadaşına seslendi: "Pıtır! Pıtır!"

Ne yazık ki Antarktika küçük bir penguen için türlü tehlikelerle doluydu. Bir fırtına kuşu Tıkır'ın sesini duydu ve ona doğru yaklaştı.

Fırtına kuşunun bakışlarından korkan Tıkır, ne yapacağını bilemedi, öylece kalakaldı.

Tıkır'ın sesini duyan Pıtır, hızla sesin geldiği yöne gitti. Fırtına kuşunu gören Pıtır, arkadaşının önüne atıldı ve korkunç bir yüz ifadesi takındı. Başındaki tüyler de havalandı.

Pıtır bu haliyle daha büyük ve daha korkunç görünüyordu. "Git buradan!" diye bağırdı. Fırtına kuşu önce şaşkınlıktan ne yapacağını bilemedi, sonra hızlıca kanat çırparak uzaklaştı.

Tıkır, "Seni görünce hemen kaçtı!" dedi heyecanla. "Bir daha penguenlere yaklaşmaya cesaret edemez!"
Uzaktan sesler duyuldu: "Pıtır! Pıtır! Sen bizim kahramanımızsın!" Penguen kolonisi iki penguenin yokluğunu fark etmiş ve onları aramaya çıkmıştı. Olan biteni buz dağının tepesinden izlemişlerdi.

Dönüş yolunda, "Neden gittin?" diye sordular Pıtır'a.
Pıtır, "Benim gibi olan penguenleri bulmak istedim… Ben sizden değilim," diye yanıtladı.
İmparator penguenleri buna çok üzüldü. "Sana öyle davrandığımız için özür dileriz. Sen de bizdensin. Aramıza tekrar hoş geldin. Ayrıca birçok şeyi bizden daha iyi yaptığın için sana hayranız. Senin kadar derine dalmayı nasıl öğrenebiliriz Pıtır?"

"Çok basit! Beni izleyin!" Pıtır derin bir nefes aldı ve dilini geriye doğru kıvırdı. Hepsi ona bakıp aynı şeyi yaptı.

Ertesi gün, Pıtır'ın dönüşünü kutlamak için bir kostüm partisi düzenlediler. Küçük imparator penguenleri, özellikle Pıtır'a benzemeye çalıştı. Ancak koloni içinde sadece Pıtır'ın çok eşsiz sarı tüyleri vardı!

Pıtır, Tıkır'ı kurtardıktan sonra hiçbiri
sarı tüyleri yüzünden onunla alay etmedi.
Her fırsatta Antarktika'nın en cesur pengueni
Pıtır'ın hikâyesini anlattılar.

BİLGİ SAYFALARI

Penguenler nasıl yaşar?

Güney Yarımküre'de 17 penguen türü yaşar. Küçük penguen olarak adlandırılan türün penguenleri 30 santimetreye kadar büyürken, imparator penguenler de 1,30 metreye kadar büyüyebilir.

Yaşam alanları açık denizlerdir. Kuluçkaya yatmak ve tüy değiştirmek için karaya çıkarlar.

Penguenler sürü halinde avlanmayı tercih ederler. Suda hızları, yunuslar gibi yüzdüklerinde saatte 35 kilometreye kadar çıkabilir: Yunuslar gibi sıçrayarak sudan çıkar ve tekrar dalarlar.

Böyle yüzmelerinin sebebi kendileri için tehlike oluşturan orka ve pars foklarının kafasını karıştırmaktır.

Penguen çiftleri en az bir sene birlikte yaşar. Dişi penguenler çoğunlukla bir yumurta bırakır ve erkek penguenler yumurta çatlayana kadar onu ayaklarının üzerinde sıcak tutar. Bu arada dişi de avlanmak için denize döner.

Denizde uzun bir yol katettiği için birkaç ay aileden uzak kalır. Bu arada erkek bu süreyi beslenmeden geçirir. Yumurta sıklıkla anne dönmeden önce çatlar. Anne geri döner dönmez, midesindeki ezilmiş besinleri çıkararak yavruyu besler. Ardından baba yiyecek bulmaya gider ve anne yeni bebekle ilgilenir.

© Andrea Reitmeyer

Andrea Reitmeyer

Andrea Reitmeyer, 1979 yılında Almanya, Doğu Frizya'da doğdu. Eğitimini, Mainz Uygulamalı Bilimler Üniversitesi, İletişim Tasarımı bölümünde tamamladı. Günümüzde serbest çizer ve yazar olarak çalışıyor, ailesiyle birlikte Mainz şehrinde yaşıyor.